Soy un millar de vientos

Reflexiones de actualidad

ángel m. agosto

No te pares a llorar junto a mi tumba
No estoy ahí, yo no he muerto
Soy un millar de vientos que soplan
Y sostienen las alas de los pájaros
Soy el destello del diamante sobre la nieve
Soy el reflejo de la luz sobre el grano maduro
Soy la semilla y lluvia benévola del otoño
Cuando despiertas en la quietud de la mañana
Soy la mariposa que viene a tu ventana
Soy la suave brisa repentina que juega con tu pelo
Soy las suaves estrellas que brillan en la noche
No te pares a llorar junto a mi tumba
No estoy ahí, yo no he muerto.
Antiguo poema cherokee

Unos aspiran a volver de nuevo a Europa, a ver las ruinas de Pompeya. Otros, de acuerdo a sus posibilidades, pagar la cuenta de Internet este mes, para poder ver fotos de dichas ruinas. Los hay que solo se plantean llevar el alimento de ese día a sus hijos, en tanto otros comprarán su casa de ensueño, como segunda residencia en la playa.

Derechos diferidos
ángel m. agosto 2015

Soy un millar de vientos

Portada: ángel m. agosto

ISBN:1517711924

Colección Testimonio
Apartado Postal 1393
Río Grande, Puerto Rico 00745
lustrodegloria@yahoo.es
www.lacasaeditoradepuertorico.simplesite.com

Hecho en Puerto Rico
Primera edición, 2015

Soy un millar de vientos

Reflexiones de actualidad

ángel m. agosto

Vientos

Nota necesaria

En el presente libro, *Soy un millar de vientos*, recogemos ensayos cortos, notas sueltas, pensamientos dispersos, prólogos de libros e intervenciones en debates durante los años 2012 al 2015. Preceden a este unos ocho libros publicados: *El hombre del tiempo* (2004, cuentos), *Lustro de gloria* (2009, testimonio), *Intrigas desesperadas y otros corolarios* (2012, ensayos), *5 ensayos para épocas de revolución* (2014, ensayos), *Rutina rota y otros entuertos* (2014, cuentos), *Voces de bronce* (2014, novela), *Horror blanco, acantilado profundo es el alma humana* (2015, cuentos), *El proceso político en Puerto Rico* (2015, Economía política).

El título de este libro es un verso de un antiguo poema cherokee.

Homenaje a Elizabeth Walker

(Texto leído por ángel m. agosto en el Centro Cultural de Loíza Valley, Canóvanas, el 18 de mayo de 2014.)

Una vieja leyenda cuenta de un Obispo que viajaba a América desde el viejo continente. Llamó su atención una isla muy pequeña, perdida en el océano. Un humo blanco le hizo pensar que estaba habitada, por lo que preguntó al capitán, y éste contestó:

—Su excelencia, allí solo viven tres locos.

—Pues quiero hablarles.

—Es peligroso, Señor...

—Son tres almas que hay que salvar.

Y el capitán se vio obligado a diligenciar el desembarco del Obispo, acompañado de varios marinos armados.

Eran tres ermitaños, que oraban y decían plegarias en un idioma que el líder cristiano no entendió. Se alimentaban de raíces y tenían por techo el cielo estrellado. Las barbas eran largas hasta el suelo y los cabellos desgreñados ocultaban unos ojos que parecían desorbitados. El emisario de Jesucristo, con gran dulzura, les habló en su idioma, seguro de que aquellos hombres no entenderían. No solo usó el español, también el inglés y francés, y finalmente el latín. Inquiría sobre qué clase de oración estaban haciendo. Grande fue la sorpresa del hombre de Dios cuando el mayor de los viejos de ropas raídas le respondió en una mezcla de inglés y español, mientras los otros dos le hablaron en latín y francés. El más anciano contestó en latín perfecto al Obispo:

—Nosotros oramos a Dios. Pero si usted nos dice que lo que hacemos no está bien, rogamos a usted que nos enseñe la manera correcta de hablar con el Creador.

El emisario del Señor se sentó junto a ellos y esa mañana comenzó sus enseñanzas.

—Se debe rezar de esta manera: "Padre nuestro que estás en los cielos…"

Pasaron horas en que los ancianos repetían las oraciones, pero a veces olvidaban una frase y el Obispo les repetía con infinita paciencia. No quiso irse hasta estar seguro de que aquellos solitarios señores habían aprendido la verdad de Dios.

Muy contento, se retiró al barco casi al anochecer. Su satisfacción era inmensa, sintiendo que había salvado tres almas y su rostro estaba anegado en lágrimas. Ya el barco se había retirado varias millas náuticas de la isla cuando muy lejos notó unas luces que se aproximan a gran velocidad desde el fondo oscuro de la noche. Llamó al capitán y ambos se fijaron en que las luces se intensificaban. Descubrieron que eran los tres ermitaños, venían corriendo sobre las aguas.

—Señor Obispo, señor Obispo —gritaron hacia el barco mientras levitaban—. Se nos olvidó la frase que viene después de "Santificado sea tu nombre".

Mudo por unos instantes, al fin el eclesiástico les dijo con voz temblorosa:

—Sigan orando como siempre lo han hecho. No soy quién para enseñar a santos.

Lo que les he relatado es la versión canovanense de un cuento del ruso León Tolstoi.

¿Qué tiene que ver esto con nuestra amiga querida, Elizabeth Walker? ¿Es ella obispo? ¿Es acaso asceta? ¿Santa? Nada de eso. Tiene que ver con la perseverancia, con la tenacidad, con el compromiso, con el sentido de la justicia. Y sobre todo, con el propósito de enmienda, que es lo que finalmente hizo el obispo en el cuento de Tolstoi.

Pero, más que nada, con la humildad del sabio. Todas son características de Elizabeth.

Educadora, madre, abuela, luchadora social, mecenas de las artes y el deporte, y líder de la lucha por la libertad de nuestro país, ¿cuántas veces no tuvo que perseverar en ese compromiso con la justicia? ¿Cuántas veces no debió corregir su práctica? ¿Cuántas veces, como David frente a Goliat, no tuvo que accionar su honda justiciera por una mejor educación para nuestros hijos?

Una cualidad que sobresale en ella es la humildad. Una mujer de vasta preparación y grandes conocimientos sobre casi todo, es mucho lo que hay que hablar con ella para exprimírselos. A mí me ha enseñado más, mucho más, de lo que ella misma tiene conciencia.

Necesitamos mil, cien mil Elizabeth Walker en estos tiempos en que los que crearon la crisis ahora quieren, de nuevo, que las víctimas, los afectados, los sectores más humildes, carguemos con el peso de este descalabro monumental **que ellos mismos crearon**. Y cierran las escuelas a las que acuden los hijos de los trabajadores. Los *guainabitos* de los distintos partidos que hoy están en el control del Estado, esos blanquitos a quienes no interesa el bienestar de los desposeídos, les importa un bledo que miles de niños de escuelas públicas se queden sin lugar de estudio y formación básica. Cierran las escuelas elementales, como la Hostos, en la que inicié mis primeros pasos. Tienen a sus hijos asegurados en las escuelas privadas, y les subvencionan con los mismos recursos que han substraído a lo largo de décadas de los trabajadores de este país.

¡Qué mucho necesitamos tu honda justiciera, Elizabeth Walker, educadora, madre, abuela, luchadora consecuente!

¡Muchas gracias!

La vida auténtica

Erich Fromm, *La vida auténtica*, Paidós 2007, 176 páginas.

Desde la introducción por su biógrafo Rainer Funk nos refiere que estamos ante un cambio de tiempos, está por nacer una nueva época. Dice que, hasta la Modernidad, el ser humano se entendió a sí mismo como "deudor de un poder trascendente" (p.9). Solo a partir del Renacimiento en el siglo XV el ser humano se interesó por sí mismo, por su dignidad y con la Ilustración descubrió que solo a sí mismo debía su existencia. La humanidad entraba en la adolescencia y *salía al mundo* a entablar nuevas relaciones más allá de su familia o aldea. Se desataron nuevas posibilidades en que se desarrollaron las ciencias (las naturales, pero también las sociales) y el ser humano descubrió que no era objeto, sino sujeto de la historia. Descubrió que tanto la naturaleza como las relaciones sociales obedecen a ciertas leyes que puede aprender a dominar.

Ese hallazgo constituyó una de las grandes revoluciones de todos los tiempos. El gran autor nos dice que el estudio de la realidad se descuida en la actualidad y, aún peor, se sustituye por lo excitante e inmediato. Trae el ejemplo de la industria de diversión: "los mundos artificiales de la industria del entretenimiento son más excitantes y cautivadores que el contacto con la naturaleza o la relación con los niños, la noticia transmitida tiene más credibilidad que la conocida de primera mano, es más atrayente relacionarse con desconocidos de Australia o California a través de Internet que tratar con el vecino, uno se siente más en casa en los momentos virtuales creados por el hombre que entre sus propias cuatro paredes" (p. 10). Concluye que ese proceso de enajenación moderna puede ser la causa de la fascinación por las drogas alucinógenas.

Pero el hombre, que no es un objeto, enferma inevitablemente si se transforma en cosa. Los franceses son quienes mejor conocen esta enfermedad desde el siglo XVIII, de ahí que solo haya vocablos franceses para designarla: *ennui, malaise, la meladie du siécle,* 'la enfermedad del siglo', frase acuñada ya en el siglo XIX. En inglés existen términos como *boredom, the feeling of meaninglessnessof life* y, en castellano, *tedio,* que es la sensación de futilidad vital, de que vivimos en la abundancia y carecemos de alegría, de que la vida se nos escapa de las manos como la arena, de que no sabemos adónde vamos, de que prevalece la confusión y la perplejidad. Recientemente se ha acuñado un término científico más preciso, *neurosis,* que designa esta clase de trastorno. (p.27)

Una inquietud que me abate desde hace tiempo encuentra asiento en estas ideas, sobre todo en el campo de la psicología social. Como escritores, hacemos esfuerzos por recrear la realidad, pero muchas veces perdemos la perspectiva en el mundo inmediatista del marketing y la Internet. Si nos bloquean una simple página de Facebook nos volvemos locos, parece que se nos cayó el mundo. "La percepción de uno mismo ya no se guía por la propia idiosincrasia, esto es, por las necesidades, estados de ánimo, sentimientos y capacidades de uno, sino por la escenificación de una personalidad y un carácter que proporciona una identidad desde afuera" (p11). En ese plano de superficialidad, hay quienes representan su papel tan "auténticamente" que de su auténtica forma de ser no queda nada. Tiende a ocurrir en aquellos que necesitan grupos para desarrollar su trabajo literario o quienes están en perennes talleres de literatura, después de los cuales no le queda vida para escribir algo auténticamente suyo. Dice el biógrafo

Funk: "Si le pregunta qué es él en realidad, tachará la pregunta de pasada de moda argumentando que no hay nada así como una "naturaleza" o una "esencia" del ser humano o una forma auténtica de ser uno mismo", para concluir que lo único real es lo escenificado. Como resultado, muchos escritores no recreamos creativamente la realidad, sino escenificaciones falseadas de ésta. Los hay cuyas fuentes de inspiración son programas de televisión o películas de las multinacionales de Hollywood. Sucede como en la caverna de Platón, pero a gran escala.

No es de extrañar el impacto de las sugestiones colectivas en la formación de esas vivencias alienadas, que concluyen como verdades absolutas aquellas que una mayoría impone como ciertas. Olvidan el rol del escritor no solo como cronista de su tiempo, sino como crítico férreo e insobornable. Nada más superficial, a modo de ejemplo, de quienes hacen coro a la cacareada neurosis del jefe de estado coreano o la "agresividad" del de Irán, mientras no dicen nada de los policías del mundo, los Estados Unidos, únicos desde la posguerra cuyas intervenciones en otros países, con el objetivo de saqueos de sus recursos naturales —como con todo cinismo terminaron admitiendo—, dejan una estela de muertes y destrucción como nunca antes se vio fuera de las guerras mundiales. Resulta en una visión parecida a la del personaje plano de una mala novela, narrativa de malos y buenos, unos carentes de atributos positivos, otros perfectos como los dioses.

Mas la *psyché*, ese ego portentoso del que no podemos emanciparnos, ahora actúa en nosotros aliado de la autenticidad y agarrados a él, no pocas veces nos hemos salvado de la enajenación total, "no traga con todo", dice el prologuista. Por eso Fromm habló de espontaneidad y de una "propensión productiva" en la que actúan ciertas facultades espirituales, psíquicas y físicas, durante las que el ser humano puede ver aflorar fuerzas interiores cuya presencia les sorprende, pues las desconocía dentro de sí. Es claro que el filósofo no se refiere, al hablar de espontaneidad, a la actividad incontrolada, sino a esa característica del ejercicio de la libertad del individuo que asume responsabilidad sobre sus actos.

No estoy del todo de acuerdo con él, como psicoanalista viene de una escuela individualista que pretende desconocer el fenómeno social en la formación del ser. Lenin, el más esclarecido de los marxistas del siglo veinte, habló de una transformación del hombre bajo una situación revolucionaria. Pero esa asunción de la totalidad de su ser bajo circunstancias especiales de que habla Fromm es precisamente lo mismo a lo que antes se refirió Lenin: los humanos asumimos un papel decisivo en el cambio social radical cuando se cierran las opciones "normales".

Desde las primeras líneas, Fromm espeta:

El hombre es un monstruo por naturaleza. Es el único animal con conciencia de su propio ser, el único ser vivo que está integrado en la naturaleza y al mismo tiempo la trasciende. Tiene conciencia de sí mismo, de su pasado y futuro. No percibe sus instintos del mismo modo que el animal. (p.18).

Y, partiendo de ahí, se ha hecho la misma pregunta por los siglos de los siglos: **¿qué soy, hacia dónde voy?** "La historia de la religión y la filosofía es, en realidad, la historia o el sistema, si se quiere, de estas pocas respuestas posibles." (p. 19) De ahí que el individuo humano necesite relacionarse con sus congéneres. Y también con el entorno natural. La demencia le acecharía si pretende aislarse. El filósofo define formas de relacionarse, las reduce a tres: sometimiento, dominio y amor. "Se puede 'amar' con sumisión o con dominación, pero entonces ambas partes —el sometido y el dominador— pierden su integridad y la característica humana esencial, su independencia. El verdadero amor, en cambio, mantiene la vinculación y la integridad." (p. 19) Cabe destacar que este aspecto el autor lo amplía en *El arte de amar*.

Fromm introduce antes que Chomsky y otros pensadores de actualidad el concepto de "autoridad anónima", lo que Gramsci había puntualizado desde una prisión italiana, esa fuente sutil de poder que termina dictando las pautas del conceso en las sociedades "democráticas", amoldándolas a las necesidades del mercado. "Es como si nos dispararan en una emboscada. No sabemos quién ha decidido tal acción, ni cuáles son las reglas. Somos conscientes de lo que ocurre y, sin embargo, no podemos hacer nada para evitarlo." (p. 24)

El enfoque antropológico e histórico, en particular desde Darwin y el descubrimiento en la física, ponen en cuestión la existencia de una esencia común a todos los seres humanos. La vieja concepción de Platón y Aristóteles de una naturaleza humana única justificó el sometimiento de unos seres humanos por otros, lo que se constituyó en el soporte moral de la esclavitud y hoy estimula las desigualdades bajo el capitalismo. Un extremo lo fue el nazismo en Alemania, que dio nacimiento a la suposición de una raza superior. El germen de las diversas formas de hegemonía (esclavitud, colonialismo, racismo, desigualdad social) se encuentra en toda la filosofía occidental desde la antigüedad griega y, con Marx, es un producto de la sociedad de clases. La tesis que sostiene Erich Fromm en *La vida auténtica* parte de un reconocimiento de estos hechos para subrayar que, de todas formas, existe una "esencia común a todos los hombres". Indica que es lo da unidad a nuestra especie.

La racionalidad, el atributo que los griegos consideraron como lo esencial en los humanos, que le diferenciaba de los demás componentes del "reino animal", hoy en día, después de las persecuciones atroces desplegadas en los primeros siglos contra los cristianos, por los cristianos durante la Edad Media contra los musulmanes y los judíos, y durante en siglo veinte de todos contra todos, hoy es cuestionada por constituirse en su antípoda. La definición del hombre como *homo faber*, la que en la teoría que sostiene Fromm más nos acerca a la concepción marxista, le resulta correcta pero demasiado general. Como ser productivo, dice, el animal también produce, como es el caso de las abejas al almacenar la miel. En este punto, trae un planteamiento pertinente de Marx: "El animal produce según un modelo instintivo de conducta inherente; el hombre, en cambio, según un plan que elabora de antemano en su mente." (p. 37) Pero abunda más en la diferencia. "El hombre es un productor que construye herramientas. Gracias a su fuerza mental crea instrumentos que le sirven de prolongación del cuerpo e incrementan su capacidad productiva." Subraya que vence la naturaleza para aprovechar sus recursos, como la energía, y más recientemente, ha desarrollado tecnologías capaces de sustituir su capacidad cognoscitiva. También destaca otra capacidad humana que le separa del resto de los animales, su capacidad para producir símbolos, es decir, la palabra, el lenguaje.

Fromm parte de la idea de Tomás de Aquino sobre la "esencia humana" (*habitus*), y de las posturas asumidas por Spinoza, Freud, Ortega y Gasset y Marx, para referirse a los impulsos "constantes" y "variables" que son comunes a los humanos. "que tienen su origen en determinadas estructuras y condiciones de producción y comunicación" (p. 41). Toma una cita de Teilhard para subrayar como diferencia clave entre el hombre y los demás animales la conciencia de sí mismo y su capacidad de conocer el mundo.

Tanque de ideas

Héctor Meléndez, *Un Think-Tank para la soberanía de Puerto Rico, Discusión sobre la cuestión nacional
contemporánea* (Ediciones Mágica, San Juan, Puerto Rico,
2010, 89 p.). Propone un grupo de cabilderos expertos pro
soberanía para Puerto Rico, que opere en los centros de poder en Wáshington y lucha por la soberanía de Puerto Rico.
El grupo recabaría información y realizaría estudios con tal
fin. Reclamaría el pago de las deudas por Vieques y otras
reclamaciones económicas y políticas. Es hora de superar
los discursos grandilocuentes y reconocer que no tenemos
un grupo social dirigente.

La crisis presente en Puerto Rico pone de manifiesto que
fueron efímeros y excepcionales la cohesión y el progreso social re-
lativo que se lograron a partir del plan 'industrial' —colonialista—
de Manos a la Obra, iniciado en 1947, el que se acompañó de ex-
pansiones importantes por ejemplo de la escuela y la universidad.
Las ilusiones de clases medias educadas no deberían hacer
creer que cuatro décadas de mímesis modernista equivalen a una
nación moderna. En realidad, la Isla va de crisis en crisis. Termi-
nadas las inversiones foráneas de manufactura regresamos, a fines
del siglo XX y en el XXI, al contrabando y la pobreza que habían
acompañado la explotación de la plantación azucarera, aunque
esta vez con cuantiosos fondos federales y poca ilusión de un futuro. Luce que muchas angustias y patologías psicosociales que se
verifican hoy en la Isla provienen de este desasosiego.
Esta base determina la naturaleza chata de los discursos
de los políticos en la Isla. No se trata necesariamente de ineptitud
personal, sino de que una experiencia repetida de frustración y es-
tancamiento difícilmente puede generar frutos político-intelectua-
les que no tiendan a la mediocridad y a la impresionante estrechez
de miras. Pues alcanzar lo promediar se hace lo máximo, tan lejos
está de lo original y de lo innovador. (P. 35-36).

Sigue señalando Meléndez:

Es cuestionable si en la Isla se realiza actividad política propiamente, pues si definimos la política según Aristóteles y Machiavelli, la misma trata sobre el poder y la soberanía, dos cosas ausentes en Puerto Rico. El habla local se refiere a diario al poder político en un sentido muy local y estrecho. En la Isla se tiende a suponer que la política es real y efectiva por lo imponente —y divertido— de su teatralidad. Ser un espectáculo público incesante, en que los espectadores son el país entero, es una parte característica de la política, sin duda, pero ésta no debe reducirse a uno de sus componentes. En Puerto Rico quizás la inefectividad en tanto verdadera política se deba a su gran efectividad como mero espectáculo. Puede haber formas de política mucho más efectivas, y el *think-tank* que proponemos sería una. (P. 37).

El autor puntualiza que el cabildeo en los centros de poder del imperialismo no es un sustituto de las luchas populares, sino que, por el contrario, tiene que fundamentarse en éstas.

Las luchas populares, obreras y nacionales seguirán inevitablemente, podrás crecer y buscarán, con razón, la hegemonía del proceso de descolonización. Pues no hay descolonización verdadera si no es fruto de la lucha del pueblo, de la elevación cultural y política de las clases populares, de la formación de instituciones nacionales y, para decirlo más directamente, no hay descolonización a fin de cuentas sin proceso revolucionario hacia el socialismo. (P.48-49).

En la segunda parte del libro, titulada "La cuestión nacional contemporánea en Puerto Rico", Meléndez abre con un comentario que pone en cuestión interpretaciones que muchos dieron por buena: "la modernización de Puerto Rico a partir de 1947, que algunos nostálgicos exagerados han llegado a llamar revolución, llegó como resultado de que el capital industrial norteamericano, en expansión inaudita después de la guerra mundial, desplazó al capital azucarero, causa y símbolo de atraso y miseria. El cambio social resultó de esta lucha entre capitales y vino de afuera." (P. 52). El autor da cuenta de los poderes "milagrosos" que muchos atribuyeron a Muñoz, a quien responsabilizaron de que salvara a los pobres de los poderosos. **"No salvó el líder a los pobres de los ricos, sin embargo, sino de ciertos ricos, mientras le abría la puerta a otros más poderosos aún."** (P. 52). El proceso de urbanización desenfrenada de las antiguas tierras azucareras desembocó en la destrucción de la agricultura, "la bandera blanca y roja del campesino liquidó a los campesinos" (p. 52).

La mentira

La mentira siempre ha sido un arma política del gobierno de los Estados Unidos. Vean cómo se usó esta arma durante la guerra de Vietnam, conforme fue revelado en *Documentos del Pentágono*, New York Times 1971. Conozca por qué tantos miles de norteamericanos y puertorriqueños honestos, contrarios a la guerra de Vietnam, fueron a la cárcel.

El Presidente miente. También lo hace el Gobernador y todos los legisladores, sin excepción. Le miente el padre al hijo, a la esposa, y ésta miente también a todos. La mentira preside el país y nos gobierna. Es un arma y tiene el propósito de engañar y encubrir la realidad. Esto siempre se hace con un objetivo, ya fuera político, social o designios individuales. Ese objetivo siempre es maligno.

El ejemplo clásico es la Alemania nazi. Allí un pueblo entero fue engañado por sus gobernantes y se le hizo creer, y el pueblo lo aceptó con fanatismo, que ellos eran una raza superior y estaban destinados a gobernar el mundo. Toda una concepción errónea que decenas de millones de seres humanos aceptaron como resultado de una de las más grande manipulaciones de masas de la historia. Al mundo le costó la guerra más sangrienta que se ha conocido.

Hoy la mentira se ha entronizado en las sociedades de desigualdad social como nunca antes. Que alguien le mienta a otro parece ser lo normal en nuestra vida cotidiana. Y la mentira no se da en el vacío. Siempre hay un propósito, un objetivo. Para entenderlo, vamos a ilustrarlo con un ejemplo que tomo de la vida real. Ángel m. agosto, *Intrigas desesperadas y otros corolarios*, pág. 19.

"Los revolucionarios no son gente normal"-Ernesto "Che" Guevara.

"Háganse la cuenta de que ustedes están muertos. Muchos de nosotros no saldremos vivos de esta. Cada minuto que vivan a partir de hoy, véanlo como una gracia. "Palabras del Ché en Bolivia, según cuenta Ciro Bustos (Documental "Sacrificio, ¿Quién traicionó al Ché?")

Marinaleda, los jornaleros toman la tierra

¡Jornaleros unidos, jamás serán vencidos! Lo que se logra cuando el pueblo se une en la lucha por sus empleos, por el control de la producción, por la producción de sus alimentos, contra el capitalismo. Lucha social, acción sindical, trabajo cooperativo, gobierno popular. Objetivo: el ser humano. Hay que ver los rostros alegres y saludables de los niños, el mejor barómetro. Es la opción pacífica de la revolución social. ¿Podemos hacer algo así en la colonia del imperio más feroz de la historia? (**Marinaleda** es un municipio de la provincia de Sevilla que pertenece a la comarca de Sierra Sur y situada en la cuenca del Genil, en Andalucía, España.)

Mi visión sobre Chile

Por tener una historia forjada en las luchas populares, en la que la clase obrera, los sindicatos jugaron un papel decisivo, y formaron las principales fuerzas políticas que en distintos momentos llevaron a representantes suyos al poder político máximo, como ocurrió en el caso del gobierno de la Unidad Popular.

Pasión literaria

(Prólogo de la antología *Relatos por voces diversas* del grupo literario Cómplices en la Palabra.)

Todo comenzó el crepúsculo del 15 de agosto de 2012. Llegó una joven, madre de una hija de su misma edad, vinculada a la banca. Traía en la bolsa del alma un caudal de sentimientos. Buscaba entregarlos. Así se lo había prometido a ella misma apenas cinco días antes, en su cumpleaños. Era Samar.

Ángel notó la presencia de la mujer desde el primer momento en aquel vestíbulo abierto. Había permanecido callada y sentada durante media hora, observando a todos. Trataba de adivinar sus vidas.

Caminaron juntos, la banquera y ángel, un socialista incorregible. Muchas inquietudes les unirían a partir de la caminata hasta el salón.

—Me copiaré de ti.

Se sentó a su lado al ver que contestó con una sonrisa. A la derecha Arlene ocupó su lugar, asegurando un espacio en medio para el equipaje. Más adelante habría de unirse Luis y Luisa, hermanos adheridos por un ardor que les excedía. Por el otro flanco estaban Máximo e Isabel, quienes no tardaron en exponer lo que era común a todos: la pasión literaria. Ese furor no era entonces exclusivo de Luis y Luisa, como tampoco de Samar, Rosamar, Arlene y ángel.

—Faltan dos —dijo Emilio, con la hoja de asistencia en la mano.

Nos fuimos presentando al grupo en el orden en que estábamos sentados.

Le tocó a Isabel la intervención inicial. Su fluidez y madurez estableció el primer reto para todos. Al otro extremo del salón Luis se sintió intimidado. La "desafiante" Isabel dijo que otra Luisa, su nieta de tres años, le retaba. Quería escribir un libro de cuentos para ella con las historias y anécdotas de la familia. Emitió una sentencia que nos perturbó:

—Cada persona tiene su propia mitología.

Al escuchar esto, a ángel se le replegó su mundo de encierro social. Y eso, que Isabel no dijo que fue directora de un prestigioso colegio. ¡Con el terror que siempre tuvo a las directoras de las escuelas públicas en las que estudió! Desde los tiempos de Miss Walker y su justiciera regla, Catalina, de dieciocho pulgadas de largo. De esa alta posición de liderazgo en la educación que ocupó Isabel nos enteramos meses después, por casualidad.

Entonces habló Máximo, ingeniero, que tampoco lo dijo desde el comienzo. Como ángel, venía de varios talleres literarios, aunque los de este eran antiquísimos. El constructor de casas esperaba retirarse pronto y publicar. De inmediato sospechamos que era un escritor comprobado. Ya nos daríamos cuenta cabal. Samar De Ruis habló de su interés por los temas espirituales, así como el cine con mensajes positivos. Su pasión ha sido la poesía, la que cultiva. Ángel lo imaginaba desde el primer momento.

No tardó en pedirle uno de sus poemas, inspirador. Los versos, a diferencia de la prosa, hablan con mayor frescura del alma de los autores.

Cuando llegó su turno, ángel estaba hundido en el asiento. Emilio había dicho que ese escritor, que prefiere su nombre en minúsculas, ya era autor de algunos libros publicados. Con eso el aludido sacó un poco de pecho. Representó el único asomo de arrogancia de aquel grupo. Los tímidos se defienden así. Ahora pide perdón. Dijo que escribía una novela y se trancó a la mitad. Buscaba oxígeno para seguir escribiendo. Sometió a críticas algunos capítulos, con lo que recobró el hilo.

—Con la ayuda del grupo pude "terminarla", si se puede decir así. En literatura, nada acaba sino con la publicación. Entonces respiramos un rato, hasta que nos muerde otro proyecto.

Llegado este punto, Luis pensó. "Horror. Estoy fuera de lugar".

Arlene venía de la escuela de periodismo y tuvo como maestra a una de las más admiradas escritoras de ángel: Magali García Ramis.

—Hasta la tengo de personaje en uno de mis cuentos publicados. Perdón, Magali.

No pasaría mucho tiempo para que ángel le advirtiera a Arlene sobre el peligro que corre su vida. Está escribiendo en torno a uno de los centros de conspiración más tenebrosos de la historia humana: la iglesia católica. Es una mujer tan hermosa como valiente, eso le resbala. Viene de la base del pueblo, hasta hace ella misma *tune up* a su carro. Ángel pensó decirle:

—Espero que le cambies los *espares* al mío.

Lo que la *handywoman* no dijo es que perteneció a grupos roqueros en dominio pleno de la guitarra eléctrica. Nos quedamos boquiabiertos por un perfil subversivo clandestino: participó en festivales de *Claridad* y eventos por la excarcelación de los presos políticos.

Rosamar dijo que trabajaba en el "área de salud". Muy joven y con hablar de niña, ¡cómo nos confundió esa humilde mujer! Todos creíamos que era enfermera y no es sino de casualidad, mucho después, que supimos que es médico generalista. Acabaríamos por darnos cuenta que esa característica de humildad nos era común a todos. La doctora cultiva una literatura que es infantil en la forma y adulta en el contenido, como algunos clásicos.

Luis estaba aterrado.

—Creo que me voy —llegó a decir quien sería una de las mentes más imaginativas y fluidas. Alcanzó gran dominio de los diálogos y presentó los cuentos más conmovedores.

Luisa habría de sorprendernos con historias desgarradoras, arrancadas de la vida real. Llegó hablando de su interés por cultivar la literatura infantil, pero lo que entregó fueron relatos adultos de calidad literaria única. Es el colmo de la humildad: jamás nos habló de su doctorado en sicología y un alto cargo en su área profesional que terminó separándola transitoriamente de nuestro grupo antológico.

Ángel Emilio Soto González (Emilio del Carril) nos asignó ejercicios improvisados en clase. Se percató de la calidad literaria del grupo. Aquellas plumas se deslizaban ante sus ojos. Del papel en blanco salían verdaderas creaciones. No tardaría en darse cuenta que ese no era el único elemento de cohesión. Y volvió a decir, mirando su lista:

—Faltan dos.

A la tercera clase, cuando Luis había perdido el miedo que ángel nunca ha podido enterrar, llegaron las que faltaban. Dos hermanas, una de las cuales se presentó porque no quería que la otra viajara sola. Ambas tenían muy vivo el terror en sus rostros al ver el grupo ya constituido y a ángel regalando su libro de cuentos. Eran las vegabajeñas Gladys y María del Carmen. Ellas mismas no conocían de su talento para la escenificación literaria. Nos hicieron empequeñecer a todos, a pesar de que habían perdido las primeras dos clases.

Las ocho semanas transcurrieron sin darnos cuenta.

—¿Cómo va a ser? —protestó Luis, que ya había olvidado que quiso irse.

Entonces todos nos matriculamos para la siguiente sesión. Isabel tuvo un percance de salud, pero nos mantuvimos en contacto con ella, hospitalizada, gracias al sistema de altavoz del celular de Emilio.

La cohesión se hizo total al entrar el aviador del grupo: Francisco. Lo que falta es que nos dé una trilla por el aire.

—Los llevaré por los aires de la imaginación.

Así, nos condujo por esos cielos que pasman a los más jóvenes. Nos trajo el relato vivo, la estampa madura, la memoria de siglos.

Constituidos como grupo fuera del aula, emprendimos la tarea de crear una antología de cuentos. Nos autodenominamos desde el comienzo los cómplices en la palabra. La seriedad de cada cual al examinar los escritos de los demás no ha estado reñida con el respeto que todos nos merecemos. Por el contrario, nos percatamos que la rigurosidad en el análisis es precisamente una muestra de respeto. Examinamos desde el contenido general hasta la última coma. El poder de veto de cada individuo permite que arribemos a cada acuerdo por consenso. Un criterio general es que no permitimos que la forma altere el contenido, aunque conscientes de que la forma es esencial para la belleza de la palabra escrita.

Nueve fueron los meses de gestación, como nueve son los cómplices en la palabra y nueve los temas generales: corrupción, discrimen, erotismo, comedia, valores, amor, espíritu, suspenso y misterio. Cómplices en la palabra: relatos por voces diversas, he aquí la criatura.

Samar De Ruis nos descorrió, uno tras otro, los velos de aroma, nos trajo el obsequio y el café y nos abandonó a la frialdad en la recámara vagabundeando sabores. Fue entonces cuando María del Carmen llegó con Alejandro en el espejo y su punto de origen como un sueño de la joven en la ventana. Cuando Arlene, en sus zapatos rojos, nos trastornó el tiempo con el óbolo de san Pedro, ya ángel venía en su carro viejo haciendo una señal al *dotor*, y traía algo tuyo, muy enjuto. Gladys, cabalgando con una mentira y una dama de cera a cuestas, nos trajo desvelos en un vestido y un amor. Menos mal que Luis nos despertó en escala con el coquí de papito, cuando tomó la ruta x-tac, aunque se desplegaron las inseguridades de pareja al no poder pagar el préstamo personal. Cuando Máximo acudió al extraño funeral de Amalia Dosting con su cruz gamada, tuvo un encuentro casual en la hora pico, pero ese fue el día que protestó el expreso Bardorioty de Castro y no pudo llegar a la cena para dos. Mas Francisco testimonió que el viejo pelícano encontró la muerte, por lo que voló a Vieques con el correíto; de esa forma evadió el asalto. Isabel tomó otro rumbo y se fue a la feria de san Valentín en Colombia; nos trajo dolor: adiós papi y ley 54. El funeral de Gaspar dejó un rastro de sangre, pero con el hombre más bello del mundo nos llevaba y nos traía hasta desembocar en la venganza de la hija de Yemayá en las arenas de Loíza.

"Ha llegado la hora de los hornos y no ha de verse nada más que la luz". Como en esos versos de Martí, horneamos y horneamos hasta que nació la fluorescencia. He aquí la antología. Todos nos habíamos dado cuenta de la calidad literaria de cada uno, refrendada por el estímulo de nuestro maestro, Emilio. No se cansaba de decirlo: nunca había conocido un grupo que se desprendiera a tal punto del ego y actuara tan unido a pesar de la diversidad. Diversidad de ideas, de extracción social, de cosmovisión. Hay un elemento que nos cohesiona más. Libres de los prejuicios nos une el respeto mutuo y el amor. Amor a la literatura, a nosotros, al mundo.

Lucha social y estrategia revolucionaria

Ponencia presentada por ángel m. agosto en la Universidad de Puerto Rico, recinto de Mayagüez, el 24 de septiembre de 2015, evento titulado "A diez años del 23 de septiembre: presente y futuro de las luchas por la independencia de Puerto Rico".

"Podrán cortar todas las flores, pero no podrán detener la primavera". Estas líneas de Pablo Neruda, militante del Partido Comunista de Chile y Premio Nobel de Literatura, es un resumen poético de la historia de América Latina. Enuncia el contexto histórico que dio nacimiento a la organización fundada por Filiberto Ojeda Ríos y cientos de excombatientes del Partido Socialista Puertorriqueño, junto a otro centenar de independentistas en 1978. Al pensar en esas flores no puedo separar de mi mente a Manolo, el leñero, a Julio Antonio Mella, a don Pedro Albizu Campos, al Che, al propio Filiberto y a tantos revolucionarios que alguna vez florecieron en el jardín del poeta. Al mismo Neruda, muerto doce días después del golpe de Estado en Chile, posiblemente asesinado.

La metáfora no puede ser más apropiada. Las revoluciones, como todo fenómeno social, requieren de una rigurosa articulación orgánica para alcanzar sus objetivos. De lo contrario, se reducen a un levantamiento popular sin consecuencias políticas. Esa **gestión organizativa** puede tomar años de contactos, reuniones, acciones para allegar suministros y pertrechos, pero, sobre todo, esfuerzo de educación política del pueblo. Trabajo silencioso, anónimo la mayor parte de las veces, porque se trata no de políticos en el modo tradicional, sino de militantes sociales. Son hombres y mujeres comprometidos con el futuro, revolucionarios conscientes de que solo las masas pueden llevar adelante una revolución victoriosa. Estas transformaciones, que alteran profunda y en ocasiones violentamente la vida cotidiana, las hace el pueblo trabajador **cuando comprende que las opciones reformistas ya no funcionan ni funcionarán.**

El vínculo con las masas o, mejor, el que las masas tengan el timón de la revolución, es lo que garantiza la continuidad del proceso y que las organizaciones revolucionarias sean en verdad fuerzas políticas de relieve en el país. Es así que esos enemigos que cortan las flores, ven que perdura la primavera, las plantas renacen con el tallo más fuerte.

La falta de este vínculo decisivo con las masas, por el contrario, aísla la organización revolucionaria y la hace vulnerable a la acción represiva.

Pero ese aislamiento tiene otra consecuencia aún peor. **La organización armada se burocratiza**, caer en un círculo vicioso cuyos efectos son más perniciosos que la acción del enemigo. Es cuando la fuerza revolucionaria **existe solo para continuar existiendo, es incapaz de incidir en los acontecimientos políticos.** Esta **autofagia**, como le llamó Regis Debray en *Crítica de las armas*, acabó con más de una organización armada en América Latina.

Algo de esto tuve la oportunidad de discutir con Filiberto en 1978. Se fundaba en ese año Los Macheteros, que se nutría de parte de los pedazos del PSP, de sus cuadros militares, disgregados por todo el país a raíz del disparate de la participación en las elecciones de 1976, error repetido en 1980, que no tuvo otra consecuencia que el intento de escamoteo al PIP de su función central en ese campo.

No conocí un revolucionario más consciente que Filiberto de los peligros señalados.

La revista que fundamos y dirigimos en el mismo año de 1978, el mensuario *Pensamiento Crítico*, recibió respaldo económico y político de la organización que nacía. En sus páginas debatimos los diversos enfoques del proceso revolucionario.

Este escritor venía de un debate ideológico en el seno del PSP en torno al tema **construir el partido**. De hecho, estas ideas estaban contenidas en un folleto con ese mismo título publicado en 1977 por "Ediciones Pensamiento Crítico". Considerábamos que la prioridad del momento era construir un partido de la clase obrera. Nuestro énfasis estaba fundado en el análisis de la realidad social y económica de la época, en que el proletariado constituía el sector fundamental de la sociedad. En la zona de petroquímicas de Guayanillas-Peñuelas y Guayama, así como en Cataño, San Juan y otras urbes existían conglomerados de unidades de producción que nucleaban unos doscientos mil obreros industriales.

En 1978 vimos como esencial trabajar la idea del partido de los trabajadores entre las diversas organizaciones cuyo énfasis se ponía en este aspecto. La formación de una organización armada, *per se*, no podía ser el vórtice de los planteamientos del momento. En este tema, por supuesto, tuvimos diferencias con Filiberto, quien creía que el énfasis de la lucha debía ser la independencia de Puerto Rico.

Sostuve y sostengo que la lucha por la independencia no puede estar separada de la lucha por el socialismo. Entiendo que es el socialismo lo que contesta la pregunta **para qué la independencia**. Y más aún, los trabajadores, que es decir la mayoría del pueblo, tienen contradicciones antagónicas con el capitalismo extranjero que domina nuestra economía y saquea las riquezas del país. Se reconocen, por supuesto, los cambios de énfasis necesarios en los ciclos históricos, pues la sola lucha de liberación nacional en la colonia es parte del accionar revolucionario.

La estrategia para la revolución puertorriqueña ha de montarse en las respuestas a los problemas sociales acuciantes, presentes ayer y hoy en nuestra realidad nacional. Y en el proceso, y esta es una de las ideas que siempre sostuvo Filiberto, **no se puede descartar ninguna forma de lucha, todas juegan su papel**, en unos momentos unas son más importantes, en otros momentos lo son otras.

Pero la lucha armada requiere **dirección política** en todo momento y **debe corresponder siempre, no a veces**, a la lucha de masas. Además, ha de tener la capacidad para respuestas rápidas, inmediatas, en apoyo de la lucha legal, para fortalecerla.

En los años setenta organizaciones armadas apoyaron de manera decisiva huelgas obreras y movimientos de rescate de tierras y contribuyeron al triunfo de éstas. Así ocurrió con las huelgas de General Electric en 1969-70, del periódico El Mundo en 1972, la Telefónica, Autoridad de Energía Eléctrica y otros conflictos importantes. **La caída de las luchas sindicales, a fines de los mismos años setenta, declive que ha seguido hasta hoy en día, coincidió con la falta de apoyo de las organizaciones armadas.**

Ese vínculo con la lucha legal de masas es lo que **le dará legitimidad a la lucha armada**, pues se convertirá **en lucha armada de las masas** en sus reclamos cotidianos al capital. La unidad en la acción en el largo plazo llevará a la unidad orgánica para la dirección certera de las masas en los momentos coyunturales. En otros términos, apoyo armado táctico en preparación para la acción revolucionaria estratégica.

El cariz de la época era de una violencia que aún no se ha aquilatado de forma adecuada. Fueron los tiempos de persecuciones y represión brutal y abierta, como las muertes de dos jóvenes incautos en el Cerro Maravilla, años de las operaciones armadas de la banda de Alejo Maldonado, bombas contra locales independentistas y hasta contra instituciones liberales, como lo fueron la revista *Avance* y la librería La Tertulia. Los terroristas de derecha llegaron al extremo de bombardear un centro de educación infantil.

También fueron años de acciones armadas de izquierda de las que no se habla mucho.

En enero de 1976 el jefe de la policía Astol Calero quiso hacer llegar un mensaje a la dirección del PSP. Para ello envió al coronel Meliá, un oficial que cultivó buenas relaciones con nosotros. Se trataba de una información originada en el FBI en Washington. Se nos informaba que un grupo de exiliados cubanos de derecha planeaba un atentado contra Juan Mari Brás. La información ya la habíamos recibido por otros medios, por lo que las medidas de seguridad habían sido reforzadas. El 24 de marzo, al no tener los cojones de atacar al comando que protegía a Mari Brás, asesinaron a nuestro compañero Chagui, el hijo mayor del secretario general. Fue un acto de cobardía inaudita.

A fines de ese mismo año de 1976 fue ejecutado en San Juan un terrorista cubano de nombre Aldo Vera Serafín, conocido por sus excesos aun dentro de la misma derecha cubana. Este sujeto, experto en explosivos, había sido un combatiente del Movimiento 26 de julio y llegó a ocupar el cargo de alcalde de La Habana al triunfo de la revolución, hasta que la traicionó y huyó del país. Fue uno de los ejecutores del golpe de estado en Chile en 1973 y fabricó la bomba que le costó la vida años más tarde a decenas de atletas cubanos que viajaban en Cubana de Aviación. ¿Qué hacía en Puerto Rico el mismo año en que asesinaron a Chagui? Es un dato que no ha sido esclarecido.

Cada día el capitalismo comete un acto de violencia contra el pueblo. Se adueña del sueño y las esperanzas del trabajador cuando ejecuta la hipoteca de la casa en que vive con su familia, producto de los ahorros de toda una vida. Esto ocurre contra miles de hogares, **y lo horrible es que está entrando en la cotidianidad de nuestra vida social.**

Entre algunos hay un hálito de indignación frente a este acto de violencia como lo es la ejecución bancaria. También cuando se da marcha atrás a las conquistas alcanzadas tras un siglo de luchas proletarias, desmantelamiento de la legislación laboral impuesto por el neoliberalismo que ha llevado a la desocupación y al desamparo a tantos miles para el enriquecimiento de tan pocos. 900,000 puertorriqueños en extrema pobreza, informa el *Nuevo Día* esta misma semana.

La realidad puertorriqueña de hoy apunta hacia el próximo surgimiento en años venideros de una **situación revolucionaria.** Es decir, en palabras de Lenin, **cuando el sistema ya no se puede tener en pie.** Hay que estar preparados organizativamente para afrontar ese momento histórico. Tales condiciones se han dado en el pasado, pero se han disuelto en soluciones reformistas. Los levantamientos populares, que pueden ser manifestaciones espontáneas de las masas indignadas ante los desmanes del capitalismo, **para conjurarse en favor de los intereses del pueblo y convertirse en revolución, requieren de organización.**

Es decir, de **medidas concretas** que marcan el paso a una insurrección popular.

1. Que los líderes y sus organizaciones se hayan ganado, a lo largo de los años, el respeto y el reconocimiento del pueblo;
2. Que esos movimientos tengan las estructuras organizativas apropiadas, líneas de mando y comunicaciones internas seguras y eficientes;
3. Una infraestructura en todas las localidades capaces de proteger a las masas de la feroz resistencia de los defensores del capital;
4. Cuadros revolucionarios en el interior de las fuerzas que podrían ser movilizadas (la policía y la guardia nacional), capaces de virar la tortilla en favor del pueblo, pues los policías y los guardias nacionales son hijos de éste;
5. El poder de respuesta suficiente para enfrentar la acción de las fuerzas enemigas, incluyendo nuestra presencia al interior de estas fuerzas del capital;
6. Una movilización directa contra nuestro pueblo de parte de las fuerzas armadas de los Estados Unidos conllevaría un conflicto internacional de graves proporciones, hay que tener activos los contactos en diversos países y en la ONU para las denuncias correspondientes y vencerlos en el plano diplomático.

Ha de evitarse que se convierta la revolución en un **asunto policíaco**, como ocurrió en el pasado.

La mejor novela escrita en español en cuatrocientos años, *Cien años de soledad*, comienza con esta oración:

41

> Muchos años después, frente al pelotón de fusilamiento, el coronel Aureliano Buendía habría de recordar la tarde en que su padre lo llevó a conocer el hielo.

El lector se queda pensando que el jefe militar morirá fusilado, y no es sino a la mitad de la novela que se da cuenta que no es así, y que, por el contrario, el mencionado pelotón de fusilamiento se le unió en el inicio de una nueva guerra contra los conservadores. Filiberto no tuvo la suerte del coronel de la novela de Gabriel García Márquez, porque el pelotón de fusilamiento que le tocó a nuestro Comandante no era de paisanos, como el de la novela, sino de estadounidenses que tenían el claro objetivo de asesinarle. Los jefes yanquis no podían confiar en puertorriqueños, tenían que hacerlo ellos mismos.

Este es un punto clave: jamás debe soslayarse el factor nacional en la lucha social. **El nacionalismo, en una colonia (aprendamos de Ho Chi Ming), es parte ineludible de la lucha social.**

El poder de una idea

Ponencia de ángel m. agosto en conversatorio de la Coordinadora Sindical, Consejo Estatal de la UTIER, Calle Cerra # 612, Santurce, 20 de agosto de 2015.

> *"No hay nada más poderoso que una idea*
> *a la que le llegó su momento"*
> *–Víctor Hugo.*

El 12 de febrero de 1972 comenzaba la huelga de los trabajadores del periódico *El Mundo*. Unos días antes el liderato de la Unión de Periodistas, Artes Gráficas y Ramas Anexas (UPAGRA) había solicitado la participación del movimiento obrero y estudiantil. Las líneas de piquetes llegaron a contar con cientos de participantes, y el lugar se convirtió en sitio de reunión de luchadores obreros y estudiantiles por casi un año. El Partido Socialista Puertorriqueño (el PSP), que se había fundado apenas unos meses antes como partido aspirante a convertirse en instrumento político de la clase obrera, al igual que otras fuerzas de izquierda, fue uno de los componentes del movimiento obrero en solidaridad con los huelguistas.

El patrono también se había preparado. Casi inmediatamente comenzaron a utilizar tres helicópteros para introducir rompehuelgas a la planta. Dichos aparatos también sacarían cada día los paquetes de periódicos, haciendo inefectivo el movimiento huelguístico, que aún no había podido detener la producción. Fue entonces cuando entró en función una organización clandestina que venían operando en Puerto Rico desde unos siete años antes: los Comandos Armados de Liberación (los CAL). Dicho instituto armado destruyó los tres helicópteros. Una consigna comenzó a corearse en la línea de piquetes: "Tres van, si no se rinden, serán más".

El patrono no se rindió, y contrató otros dos helicópteros. Los obreros quisieron ser ellos mismos, esta vez, los que actuaran contra estos dos aparatos rompehuelgas. La CAL les proveyó los materiales e instrucciones técnicas y los trabajadores los volaron en pedazos. Esta vez la consigna de masas sería: **"Cinco van, si no se rinden, serán más"**.

La victoria fue contundente, y se obligó al patrono intransigente, la empresa periodística más importante del país, de línea editorial de derecha, a sentarse en la mesa de negociaciones. En la asamblea de ratificación del convenio fue reconocido oficialmente el apoyo recibido por parte del Movimiento Obrero Unido (MOU), el PSP y los CAL. Nadie, como era de suponer por ser una organización secreta, se presentó a recibir el pergamino de los CAL.

La relatada es solo una experiencia de las cientos que caracterizaron la década de los setenta. Historiadores habrían de concluir, a principios de 1980, al tomar en cuenta la cantidad de conflictos obreros patronales y hombres días invertidos en huelgas durante el decenio de los setenta, que no hubo antes época de más intensa lucha de clases en la historia de Puerto Rico. Treinta y cinco años más tarde podemos decir lo mismo para toda la historia de Puerto Rico. Un gran pensador, César Andreu Iglesias, a quien perdimos a mitad de la década, reconoció esos primeros años como una **época revolucionaria**.

La década de los setenta comenzó el 28 de octubre de 1969. Ese día, a las seis de la mañana, comenzó en el poblado Palmer de Río Grande una huelga de 1500 trabajadores de la General Electric. El presidente de la local en Puerto Rico de la Unión Internacional de Maquinistas, Juan Maldonado, acompañado de varios líderes sindicales locales, me habían visitado días antes en mi casa para solicitar apoyo del MPI (antecesor histórico del PSP) y del movimiento estudiantil. Sabían que el MPI y la FUPI eran organizaciones de desafío y confrontación directa con el régimen y contaban con un liderato firme e insobornable. Me confiaron detalles del plan táctico para el comienzo de la huelga, incluyendo acciones específicas, fecha y hora. Preveían que el patrono contaría con el apoyo de la policía, para lo cual necesitaban masividad en los piquetes.

Era la primera vez que el MPI participaba directamente en un conflicto de trabajadores, del lado de éstos. Se había fundado en 1959, nutriéndose de líderes que habían abandonado el PIP, el Partido Nacionalista y el Partido Comunista. También se nutrió de la FUPI, que se había fundado tres años antes en el recinto de Río Piedras de la UPR. Con el paso de los años el MPI se convirtió en un movimiento de liberación nacional, influenciado por los procesos democráticos revolucionarios que tenían lugar en Asia, África y América Latina. La Revolución Cubana, en particular la Primera y la Segunda Declaración de La Habana (septiembre de 1960 y febrero de 1962, respectivamente) ejercieron una influencia decisiva en la línea política del MPI.

Desde los tiempos militantes del Partido Nacionalista de los años treinta, Puerto Rico no había conocido un movimiento político que desplegara el nivel de actividad del MPI en los años sesenta. Sus organismos de base, las Misiones Patrióticas, se reunían cada semana en decenas de municipios en toda la Isla. El MPI desplegó una lucha de desobediencia civil, de desafío contra el militarismo, contra las elecciones coloniales, contra la explotación minera, contra leyes injustas y por la libertad de los nacionalistas presos en Puerto Rico y los Estados Unidos. Así también, inició las primeras campañas de actividad consecuente por la salida de la Marina de Guerra de los Estados Unidos en las islas de Vieques y Culebra.

Decía la **Segunda Declaración de La Habana** en febrero de 1962:

> Las condiciones subjetivas de cada país —es decir, el factor conciencia, organización, dirección— pueden acelerar o retrasar la revolución según su mayor o menor grado de desarrollo; pero tarde o temprano, en cada época histórica, cuando las condiciones objetivas maduran, la conciencia se adquiere, la organización se logra, la dirección surge y la revolución se produce.

El MPI trabajaba en la organización de la revolución.

Su tesis central estaba basada en la necesidad de **crearle una crisis al sistema colonial en Puerto Rico** hasta que no tuviera otra alternativa que entregar el poder al pueblo. En su primera tesis política, titulada *La hora de la independencia*, había reconocido en la clase obrera puertorriqueña "la base social" de la lucha para ese propósito. Pero no fue sino a partir de la mencionada huelga de la General Electric que se pone en marcha un plan de trabajo serio y consecuente con la clase obrera.

El país era entonces una colonia industrial. La mayor parte de los trabajadores activos estaban en vínculo directo con medios de producción de bienes materiales. En la llamada "zona petroquímica" de Guayanillas-Peñuelas se empleaban de forma directa o indirecta unos treinta mil trabajadores, en su mayoría obreros industriales.

La "cuestión nacional" primaba sobre lo social hasta que se comprendió el poder del proletariado durante el conflicto de Palmer. Esta fue una lección demoledora que sacudió a toda la membresía e inclusive, también cambió el accionar de una organización armada que nacía en esa época, los CAL. Así quedó establecido en un Seminario Nacional de Dirigentes del MPI efectuado en febrero de 1970.

Los CAL habían sido hasta aquel momento una organización dedicada a quemar establecimientos comerciales de capital estadounidense. Era una gestión que resultaba en defensa de los intereses de la burguesía comercial puertorriqueña, muy atropellada entonces y ahora por el gran capital monopolista. Pero no dejaba de ser un accionar eminentemente reformista que en nada afectaba los intereses de los trabajadores que no fuera en algunos casos dejarlos sin empleo.

La lucha revolucionaria pasó a tener como primer asunto de atención las luchas de los trabajadores con miras a incorporarlos a ellos mismos a la acción revolucionaria. Los CAL, en consecuencia, pasaron a actuar directamente en apoyo a los obreros en lucha. Ello comenzó precisamente durante la huelga de la General Electric, y esa sería la tónica a lo largo de la primera mitad del decenio que nos ocupa.

Estaba planteado un objetivo cardinal: contribuir a forjar un nuevo movimiento obrero unitario, combativo y eficaz, comprometido con los intereses de largo plazo de la clase obrera. El esfuerzo mayor debía ponerse en la base, no en los sindicatos existentes, como había sido hasta aquel momento. Se trataba de un trabajo organizativo, pues la revolución no "se hace": **se organiza**. Crear el partido obrero desde la base del proletariado, partiendo de las estructuras existentes del combativo MPI, se convirtió en la máxima prioridad. Consistía básicamente en reclutar a la llamada vanguardia obrera para cambiar la composición social del Movimiento. Ello tendría también la consecuencia de crear nuevos líderes obreros. La presencia militante de esos nuevos cuadros del proletariado en los sindicatos existentes, y en nuevas estructuras sindicales que pudieran nacer, aseguraría la democracia interna en las uniones, de tal manera que éstas representen realmente los intereses de la masa de trabajadores.

Advertimos a los organismos directivos (que, por cierto, aprobaron por unanimidad los planes a esos efectos) que ese sería un trabajo de largo plazo, poco glamoroso, cuyos participantes no debían esperar reconocimientos ni medallas, pues estarían involucrados en un esfuerzo organizativo clandestino. Los planes de trabajo, que fueron ratificados en los Congresos partidarios y pasaron a ser parte prioritaria de los programas y reglamentos, habrían de encontrarse con innumerables obstáculos prácticos en la medida en que chocaban con los objetivos electoralistas y las campañas inmediatistas que surgieron más adelante. El trabajo organizativo clandestino con la clase obrera chocaba con las aspiraciones pequeño burguesas de los retazos del viejo MPI.

No obstante, a la mitad de la década de 1970 existía en Puerto Rico:
1. Un **diario de los trabajadores**, por primera y única vez en la historia del movimiento obrero;
2. Una **fuerza política** que apoyaba día a día las luchas de los trabajadores en las huelgas y en

los movimientos comunales de rescate de tierras;

3. Un movimiento estudiantil combativo y desafiante del sistema en escuelas secundarias y universidades;

4. Una lucha triunfante contra el militarismo que terminó en la derrota del SMO y el ROTC;

5. Una lucha armada naciente que ya establecía estructuras de organización militar revolucionaria en todo el país y en parte de los Estados Unidos, en vínculo permanente con la lucha de masas, y con cientos de hombres y mujeres con un sólido entrenamiento militar y con acceso al almacenamiento de explosivos y otros pertrechos similares mayor que el que reunió organización de izquierda alguna en nuestra historia, y sobre todo, con un arma muy poderosa, aquella que dio fuerzas al moribundo en Ponce en 1937 para escribir con su propia sangre en una pared, instantes antes de expirar: **"¡abajo los asesinos, viva la república!"**;

6. Organizaciones socialistas y pro independencia de Puerto Rico, y por el cambio social, en todo lugar de los Estados Unidos en que residieran puertorriqueños;

7. Una batalla cultural que permitía el nacimiento de grupos de artistas pictóricos, musicales, de teatro, que afirmaban la identidad nacional puertorriqueña, tanto en la Isla como en el Continente;

8. Una lucha ideológica incesante por la igualdad de géneros, algo no visto antes en nuestra historia de forma organizada, que ha tenido como corolario el respeto a la dignidad humana;

9. Aprendimos una nueva forma de pensar, objetiva, crítica, fundada en la verdad y en la investigación científica.

Mas, como diría Eduardo Galeano, "somos los hijos de los días".

Había que aprender a ver en el rostro de cada uno de nuestros hermanos, la tragedia que oculta, los conflictos de la comunidad, con los vecinos, en la familia a la que a veces no puede llevar el pan, o no puede llevar lo suficiente para pagar la hipoteca, para defender el hogar frente al banco. Esa estela de dolor de cientos de miles, **¿cómo llevarla a la conciencia y transformarla en acción organizada?**

Ese fue el reto de los 70's, un reto de concienciación y organización. Es el reto de hoy, de todos los tiempos bajo el capitalismo. Se necesita, eso sí, además de fuerza organizativa real, sangre tipo Pedro Albizu Campos.

Porque —y volvemos a donde comenzamos con Víctor Hugo, y preparémonos, porque eso está cerca— **"no hay nada más poderoso que una idea a la que le llegó su momento".**

En los límites de Eva Luz Rivera

Eva Luz Rivera Hance cuenta la fábula de una realidad de miseria en la que el ser humano se sobrepone para recrearse a sí mismo. Corrí de niño por las mismas calles y sospeché de los fantasmas que vinieron a mi encuentro. Ella los atrapó y condensó hasta los límites, pues encontró los contornos. Las leyendas corrían de boca en boca como algo inventado, como la música del viento. *En los límites,* esas historias anónimas se convierten en un viaje fabuloso en el tiempo. Es un libro que nos presenta la literatura que necesita este país, la verdadera expresión del pueblo, la perspectiva popular y negra de quienes aportaron lo mejor de los valores Caribe, los hombres y mujeres originarios del África irredenta. Es el mundo rico en pobreza extrema, harto de hambre crónica, la vida de los que crecieron saboreando el dolor y la alegría de la plena y el timbal.

La autora penetra mitos y leyendas y capta el espíritu germinal en el que ella y yo crecimos, aunque en épocas distintas. Ahí están los miedos y alegrías de niños, jóvenes y adultos de una localidad cerrada que se abre y esparce en la mente creativa de la autora. Nació entre poetas del dolor y la angustia. ¿A quién no más se le hubiera ocurrido un nombre que evoca origen y quiebra de tinieblas como *eva luz?* "Abuelo, un tipo de espaldas anchas y nariz de abanico de estío, con la piel más negra que la noche de la vega... Su tez negra brillaba como el betún de África, tan de sangre valiente y majestuoso". Ahí están los verdaderos orígenes de Canóvanas, no en los hacendados blancos, sino en los que fueron obligados a serviles. De la mano de ideas que fueron estiletes de nuestro gran escritor José Luis González, aquí se condensan siglos que cuajaron la cultura del país. La historia de la familia es la verdadera historia de Puerto Rico, la historia social a través de los ojos de la gente de a pie. La primera estampa sobre el abuelo es un poema de luz.

Esos personajes sobrecogedores parecen narrar la historia universal. El machista que quiere prostituir la mujer para su beneficio, que la hace su objeto, el hombre de falsas promesas, la reacción de firmeza de la fémina que toma control de su vida; el malvado usurpador de tierras; la miseria (la espiritual y la física) en la que crecimos y plasmó en nuestra conciencia la visión del mundo; enfermedades terminales originadas quién sabe en qué estilos de vida impuestos, ya sea por el origen social o por los efectos de contaminantes en operaciones empresariales que enriquecieron a unas minorías. "Todo era cosa que se junta en los ojos, la vida que vivimos, la pobreza amiga, todo se le metía a uno adentro, como hasta la barriga vacía…"

Los personajes típicos se dejan sentir, como Angelina, "la de la vida fácil" y Tórtolo, "el manco de Sunoco". Recuerdo Sunoco, "el fondo del saco", el arrabal del pueblo, enemigo de las lluvias por traer sabor de muerte y enfermedad. De allí venían mis mejores amigos porque eran seres con vergüenza y dignidad. Todos fueron mudados al caserío nuevo en la era de Muñoz.

La vega de don Tiné, aquel malvado usurpador de tierras públicas que se creía dueño del pueblo (originó un proceso al que Marx llamó un siglo antes la *acumulación originaria*). Ejerció la violencia más descarnada contra todo el que osada pisar "sus" predios.

El "patacás, patacás" de los cascos imaginarios de un mundo oscuro, de fantasmas y trashumantes de las leyendas parece una metáfora del país sin rumbo, *que no acaba de ensillar su destino*. Es una lectura precoz de la historia de Puerto Rico, la forma loiceña y canovanense de leerla, para mí la más real.

Estamos ante una verdadera obra literaria, cargada de una suerte de realismo místico. No es una descripción de ombligos y pantuflas, a lo que ahora se quiere reducir el arte de escribir. Es la verdad que nos trae la mariposa oscura de la que Eva Luz tomó prestadas sus alas para hacer volar su imaginación. Desde el cañaveral, esos "miles de soldados en fila moviendo sus espadas amarillas al aire" hasta el tiempo de aquel español *preñador* de negras que fue "un pico de cuervo en cualquier capullo de rosa", Eva Luz nos construye una poética artillada, combativa, de denuncia feroz.

Radamés Acosta: *Sindicalismo en tiempos borrascosos*

En algún momento hace unos cuarenta y cinco años acudí a una reunión en un condominio de nombre Francia, en Hato Rey. Salí temprano, pues soy del campo y siempre tengo problemas de ubicación en el área metropolitana. El lugar lo encontré sin problemas, pues en la acera de la entrada había un grupo de personas esperando. Se debía a que no había llegado el dueño del apartamento. Me uní al grupo mientras siguieron en su conversación animada y sin que mi presencia les llamara la atención, a pesar de que nadie del grupo me conocía. La mayoría eran "personas mayores", según mi perspectiva de entonces.

Muy pronto llegaría Luis Escribano, abogado recién graduado y el único al que conocía pues militamos juntos en la FUPI. Luis tenía las llaves del apartamento. En el instante en que íbamos a entrar llegó un líder obrero que pude reconocer de inmediato por su imagen constante en la prensa, Pedro Grant. A boca de jarro arrojó al aire la pregunta, con un gran vozarrón al que me acostumbraría más tarde.

—¿A quién nombraron en sustitución de César?

—A Ángel Agosto, perdonen, pensé que ya lo conocían —dijo de inmediato Escribano, señalándome mientras entrábamos al lobby.

—¿A este muchachito…? —reaccionó Pedro de inmediato, mientras miró mi facha de títere desenfadado, matizado por mi evidente corta edad.

En el apartamento, casi al instante en que comenzaría mi primera reunión con el equipo de la Secretaría de Asuntos Sindicales, alguien sacó una botella de wiski y la colocó en la mesa. Pregunté que cuál era el propósito y me dijeron lo obvio. Les hice saber que a partir de aquel momento no habría bebidas alcohólicas en las reuniones de los órganos oficiales del Movimiento Pro Independencia, el MPI. De inmediato comprendieron que ese sería el menor de los muchos cambios que se iniciarían a partir de aquel instante, que terminaría a los pocos meses en la renovación de aquel grupo de trabajo anteriormente formado por mi antecesor en la Secretaría, César Andreu Iglesias.

Fuimos integrando nuevos cuadros provenientes de los distintos organismos del MPI, incluyendo nuestra Seccional en los Estados Unidos. De Nueva York enviaron a mi compueblano Osvaldo Romero. Recuerdo que el compañero Secretario de Organización Jenaro Rentas, quien sacaba un chiste de todo, decía que yo lo había negociado por un mimeógrafo. De Puerto Nuevo nos llegó Radamés Acosta.

Por mi experiencia reciente durante la huelga de General Electric de Río Grande sabía que nos enfrentaríamos a una época de alta combustión en el movimiento obrero. Era un tiempo de grandes cambios en el país y en el propio Movimiento. Resultó ser, como destaco en *Lustro de gloria*, la década más convulsa del siglo. Impulsamos transformaciones al interior del MPI que dieron al traste con los viejos estilos de trabajo, mientras la organización se insertó con eficacia en la lucha social que cada día incrementaba en calidad y cantidad.

Entre las consecuencias se comenzó a construir un partido proletario, uno de cuyos gérmenes habría de serlo el propio MPI, al tiempo que impulsábamos la formación de un nuevo sindicalismo, comprometido y combativo, con el respaldo artillado de los Comandos Armados de Liberación (la CAL), bajo el control político de nosotros mismos.

Se supo entonces y hoy se conoce que aquellos "muchachitos" íbamos en serio, sin dilaciones ni falsas componendas. Para emprender tal tarea se requería combinar la madures de los veteranos con el impulso de la juventud. Fue así como entraron a la Secretaría jóvenes del calibre de Osvaldo Romero, Arturo Grant, Pablo Rivera, Edwin Meléndez, Ludmilia Rivera y Radamés Acosta. No se quedaban atrás por su ímpetu juvenil compañeros como Pedro Grant, Mónico Nazario y Luis Escribano. A todos les caracterizó la inteligencia creativa, la valentía a toda prueba y el carácter firme. Era lo que reclamaba la violencia de aquella fase de la lucha de clases.

Este libro, cargado de emoción y salvaguardado por la honestidad a toda prueba del autor, es testimonio de ello.

Tal día como hoy...

Publicado en Facebook, 27 de septiembre de 2014.

Miro el calendario. Veo con sorpresa que hoy es 27 de septiembre de 2014. Mi memoria de inmediato me lleva a 1967. Me preparo para salir de mi casa. Beso a mami, quien limpia sus manos en el delantal para apretar mi rostro.

—Negro, ten cuidado —vivía de susto en susto por el muchacho revoltoso. Las noticias informaban desde hacía varios días de tensión en la Universidad de Puerto Rico, por choques entre los estudiantes de la Asociación Estudiantil Pro Estadidad (AUPE) y de la Federación de Estudiantes Pro Independencia (FUPI).

La "Casa de Estudios" de Jaime Benítez era entonces un campus de espesas arboledas que ocultaban edificios viejos y amplios espacios forrados de verde. Solíamos echarnos en aquella alfombra mullida a leer, conversar o improvisar versos.

Llegué al encuentro con mis compañeros, tomé el bloque de boletines y me dispuse a repartirlos en la entrada principal de la Ponce de León, con la torre a mis espaldas. A los diez minutos llegan voces que me preocuparon.

—Hay un motín en el Centro.

La disciplina me obligaba a permanecer en el lugar asignado. Mi furor me llamaba al lugar de la acción. Opté por los mandos de la organización.

Una unidad policíaca desconocida, que luego la prensa llamó "fuerza de choque", había penetrado el recinto. Decenas de estudiantes habían sido heridos, algunos fueron arrestados, y "un taxista" fue asesinado de bala.

A partir de ahí las cosas se complicaron, miles de estudiantes salieron de sus clases y se artillaron en una batalla campal con las fuerzas represivas. La minoría estadoísta desapareció de escena para entrar en su lugar una mole armada de hombres de azul.

Caí en una de las refriegas, no recuerdo si todavía me quedaban boletines en mis manos. Fui arrestado con otros veinticuatros, incluían a mi compueblano y amigo de la niñez Tutín Walker Salamán. Es el padre, por paradojas del destino, del actual presidente de la Universidad, Urayoán Walker.

Salí ese día de mi adolescencia y entré de un macanazo a la adultez. A partir de ese instante preciso me vi envuelto en las luchas sociales más intensas de la historia de Puerto Rico, los años del lustro de gloria que le siguió.

Gloria a este policía que me atropelló, me despertó a la cruda realidad que vivimos aún hoy, cuarenta y siete años más tarde.

Elitismo y mediocridad

Quise saber cómo era el mundo de la literatura. Me hice pasar por escritor, así obtendría información de primera mano. Y hasta publiqué una docena de libros. Así nadie sospecharía de mí.

Vi cómo era ese mundo. Quedé asombrado, pues en él prevalecía la mediocridad, el elitismo y las bajas pasiones. Cierto es que me encontré con seres excepcionales. Muchas veces las buenas personas eran al mismo tiempo buenos escritores. Pero también me encontré con egos tan inflados que estuvieron dispuestos a cometer las más grandes barbaridades con tal de dañar reputaciones que les permitiera a ellos brillar.

Y el caso que contaré, que lo creí inicialmente una excepción, muy pronto me di cuenta que era una práctica común.

Hay una frase que me encanta: *es de buena familia.* Entraña una postura de clase. ¿Por qué es "buena" esa familia? Por lo general son blancos y ricos.

Contra la censura

El gran escritor de todos los tiempos, Gabriel García Márquez, durante la entrevista que le hiciera Plinio Apuleyo Mendoza, compilada en un libro con el título de *El olor de la guayaba* (Editorial La Oveja Negra, Colombia, 1982, 135 páginas), habla de la amistad. Hace sus clasificaciones, pues el núcleo inicial de lo que sería "los amigos antes de la fama" nació de las "juergas desaforadas" en las noches de bohemia de Barranquilla.

Hoy, intelectuales europeos (y también latinoamericanos de las élites) tratan de entender esos desafueros de aquel grupo de jóvenes de la costa Caribe de Colombia que durante la guerra mundial leían entre tragos y boleros, en brazos de las putas de cabaret, sin rendir reverencia ni siquiera a los grandes clásicos de la literatura mundial que leían e intercambiaban, cómo de ahí nació una literatura que sacudió el mundo. Esos doctores jamás entenderán a aquel grupo. Un obrero de Aracataca, como también un jíbaro de mi barrio Hato Puerco, de Canóvanas, todas y todos mujeres y hombres Caribe, sí lo entendería. Porque el lenguaje de esos escritores es simple y llano, directo, de pueblo. Y un título como el de la última novela del Nobel colombiano, *Memoria de mis putas tristes*, no podría ser pronunciado por burgueses mediocres. Se les ve suprimiendo la palabra clave referente a la profesión más vieja del mundo.

En gran medida la amistad jugó un papel. Era una intimidad fundada en la complicidad de travesuras impúdicas de cerebros brillantes que pudieron chocar ideas en planos de entendimiento superior. García Márquez cuenta que, en alguna ocasión, viajó la mitad del mundo para encontrar uno de esos amigos con el propósito de leerle un pasaje de alguna obra en proceso, solo por obtener su opinión, ya que su correspondencia y teléfono estaban intervenidos. Debió ser muy grande la soledad del escritor, ya en cúspide de su gloria, para realizar tal proeza y tener que recurrir solo a algún amigo previo a la fama. Y es que la amistad se enfrenta a grandes avatares. Los pensamientos críticos, profundos, que trascienden época y localidades, requieren del choque de ideas de sus iguales, sin prejuicios ni vanaglorias.

Las mentes mediocres que no lo entienden, los atacan. Y si lo entienden y lo consideran amenaza, hacen coro fácil con quienes, por poder y gloria siempre efímeros, le apoyan aunque no entiendan un comino de qué se trata. Por eso calamidades de la historia, como la Gran Inquisición, cometieron sus desmanes impunes en las épocas del oscurantismo medieval a la que algunos quieren retrotraernos.

Hoy, en 2015, hay que conocer la cobardía de algunos "amigos" que, a la sombra de ese poder difuso, hipnotizados por las promesas de halagos, recursos fugaces y otras trivialidades y les vemos constantemente apoyando tonterías, niegan el apoyo a quienes colocan nuestra literatura en un plano universal. ¡Qué pequeños son!

Soy de opinión de que esos modernos inquisidores hay que denunciarlos. Quien tenga la evidencia, que la exponga. O seguirán haciendo daño mientras fluyen los rumores que afectan solo a los honestos.

Ana es Ana

Vi cómo, al final de cada día, la materia que
me habían entregado en la mañana terminaba
convertida en un objeto distinto. ¡Mis manos
crearon un valor nuevo!
ANA, auténtica forjadora de valor

El primer gran juicio de la historia, efectuado en la antigua Grecia contra un pensador llamado Sócrates, terminó en la condena de un hombre justo. Desde entonces los seres humanos solo cometemos injusticias, a diario. Cada día juzgamos a alguien por cualquier tontería, por lo que dice, por lo que hace. Descargamos nuestra ideología matizada por los prejuicios de clase, de nuestra élite, de creernos superiores a los demás.

Los escritores no somos la excepción. "El oficio del escritor es un oficio bastante miserable" —dijo Roberto Bolaño en una entrevista en 1999. Añadió: "Es un oficio poblado de canallas, no se dan cuenta de lo miserable y soberbios que son. Todos se creen la gran cosa y no lo son." El gran escritor chileno está hablando del elitismo en la literatura, algo que le daña y la aleja de los desposeídos y los que, en general, luchan por afirmar sus derechos sociales y políticos.

Mientras escuché la entrevista a Roberto Bolaño, incluida en mi página de Facebook, pensé que esa opinión es similar a la que muchas veces tenemos de los políticos. Me refiero no a la política en general, sino a quienes encontraron en la política de partidos su profesión u oficio. Hombres y mujeres que constantemente se amoldan a las situaciones como buenos oportunistas. No enfrentan la realidad para cambiarla, se insertan en ella y la hacen su modo de vida.

En Ana Rivera, quien lo mismo que el filósofo griego no obtuvo una educación formal (apenas cumplió la primaria), encontré una inteligencia prístina y una pureza de primavera en su justa dimensión. Porque no es ingenuidad disimulada y sí fuerza de intelecto. Nunca supo construirse una imagen, ella misma se erigió como mujer y se artilló en la afirmación de su identidad de ser independiente. Por eso tantos le aman y le respetan. Ésa es su verdadera obra.

Cuántos profesores universitarios, doctores de diversos campos del saber, envidiarían un comentario como este de Ana, alguna vez militante penepeísta:

> Vi cómo, al final de cada día, la materia que me habían entregado en la mañana terminaba convertida en un objeto distinto. ¡Mis manos crearon un valor nuevo! Me entregaban al final de la semana un sobrecito manila con sesenta dólares. ¡Nunca había ganado tanto! Hoy sé que ese dinero, que le llaman salario, es solo una fracción del equivalente monetario del valor nuevo creado por mí, mucho menos del uno por ciento. El resto se lo lleva el patrono extranjero, es su ganancia. Se apropia de manera sistemática la riqueza creada por mí y por cientos de miles de otros obreros. (*ANA, auténtica forjadora de valor*, página 45).

"Los grandes escritores, los pocos que marcaron cambios, fueron hombres y mujeres buenos. Sonaré religioso y hasta escolástico, pero es así." Son las palabras de Roberto Bolaño, apenas cuatro años antes de su fallecimiento en 2003. Parecería que pensaba en Ana. Parecería que leyó *ANA*. Porque Ana es así. Ana es Ana.

Es otra cosa

Eugenio María de Hostos no pudo tener en su mente a Mary Ely Marrero–Pérez cuando pensó en la filosofía de vida que entraña una frase tan poderosa como "pon todas las fuerzas del alma en cada acto de la vida". No era posible, hay casi un siglo de diferencia entre la muerte de uno y el nacimiento de la otra.

Tampoco Albert Camus pensó en esta ensayista, cuentista, novelista, guionista, dramaturga y poeta cuando escribió:

> **El papel del escritor, no se separa de deberes difíciles. Por definición... no puede estar al servicio de los que hacen la historia, sino al servicio de quienes la sufren. Pues de no ser así se hallaría privado de su arte. Y aunque todos los ejércitos de la tiranía con sus millones de hombres intenten arrancarlo de su soledad no lo conseguirían, sobre todo si él ha decidido unirse a su marcha. Pero solo el silencio de un prisionero desconocido, abandonado a las humillaciones en el extremo del mundo es suficiente para expulsar el escritor de su destierro voluntario, y para que solidarizado con él utilice los privilegios de su libertad, y haga resonar ese desgarrador silencio en todas partes con los recursos de su arte.**

Veinte años después de pronunciadas estas palabras del gran escritor y filósofo argelino, al recibir el premio Nobel de literatura, y cuando Puerto Rico vivía en la plenitud de la lucha de clases más tenaz de su historia, en el período que identifiqué como "lustro de gloria", nacía Mary Ely Marrero–Pérez en el seno de una familia puertorriqueña.

Desde la niñez tuvo que abrirse paso casi por sí misma en un mundo de élites y de hombres, y se impuso solo por su talento natural por las artes y esa inquietud que tienen algunos seres por el conocimiento integral y el cuestionamiento crítico frente a las verdades establecidas. Quiso hacerse maestra, el sueño también de otra gran poeta de nuestra América, Gabriela Mistral, y regresar al seno de su clase trabajadora a formar jóvenes que terminan orgullosos de tener como conductora a esa extraordinaria mujer de abrazos afectuosos, forjadora auténtica de nuevos hombres y mujeres.

Al leer *El abraso* me dije "esto es otra cosa". Mi primera reacción fue que estaba ante una gran metáfora del mundo, amalgamado por un fatalismo verosímil, cuyos resortes sostienen un devenir solo predecible internamente, por esos personajes auténticos primigenios que le habitan. Quise conocer la totalidad de la obra de Mary Ely. Leí sus cuentos, poemas, ensayos. Conocí su teatro. En esa obra, parafraseando a García Lorca, parece meter sus manos en el fango para sacar de él una azucena o, como mejor lo pondría nuestro Zeno Gandía: "no se mancha la luna cuando platea el pantano".

La conocí a ella, a la escritora, con cuya interacción nos transportamos a un mundo literario de hechizo. No podía creer que esta mujer de la edad de mis hijos hubiera bebido en las mismas fuentes que me formaron, desde Sartre y Fanón hasta la literatura del realismo mágico y del boom latinoamericano, sin dejar fuera los textos de Marx y Engels y del primer marxista latinoamericano, Mariátegui.

Y es que ahí está una joven que nos saca del engaño desde el preciso instante en que la escuchamos y leemos, por la madurez de su verbo. Es la encarnación de la perseverancia como filosofía de vida de que nos habla De Hostos y del compromiso social del escritor de que nos habla Camus.

PO Box 1393. Río Grande, Puerto Rico 00745.
Tel. (787)550-3666 lustrodegloria@gmail.com
http://lacasaeditoradepuertorico.simplesite.com/

Algunos títulos publicados:

El hombre del tiempo ángel m. agosto

Lustro de gloria ángel m. agosto

Intrigas desesperadas ángel m. agosto

Rutina rota ángel m. agosto

5 ensayos para épocas de revolución ángel m. agosto

Voces de bronce ángel m. agosto

Horror blanco ángel m. agosto

Relatos por voces diversas Cómplices en la palabra

El abraso (primera edición) Mary Ely Marrero-Pérez

En los límites Evaluz Rivera Hance

El proceso político en Puerto Rico ángel m. agosto

ANA, auténtica forjadora de valor Ana Rivera

Sindicalismo en tiempos borrascosos Radamés Acosta

Desde la sombra la luz, pasajes de mi vida William Morales Correa

Mancha de plátano Mariela Cruz

Loíza, desde El Ancón a tu Corazón Madreselvas de Puerto Rico

Esperaré en mi país invisible Mariela Cruz

LA CASA EDITORA de Puerto Rico

Lo Nuevo

Loíza
Desde El Ancón a tu Corazón

WILLIAM MORALES CORREA

DESDE LA SOMBRA A LA LUZ
PASAJES DE MI VIDA

MARIELA CRUZ

MANCHA DE PLÁTANO

MARIELA CRUZ

Esperaré

Mariela Cruz

En los límites

En los límites

Sindicalismo en tiempos borrascosos

Radamés Acosta